섣달천 고양이

섬달천 고양이

1판 1쇄 펴낸날 2025년 10월 22일

지은이 나병춘

펴낸곳 시앗시학
펴낸이 송영호
대표 김초혜

주소 서울특별시 동대문구 망우로21길 45 (202호)
전화 02-744-0110(대표)
      010-8683-7799(핸드폰)
전자우편 sihaksa@naver.com(회사)
         sihaksa1991@naver.com(편집부)

출판등록 2016년 1월 18일
등록번호 제2021-000008호

ISBN 979-11-91848-32-8 (03810)
값 12,000원

* 저자와의 협의에 의해 인지를 생략합니다.
* 잘못된 책은 바꾸어 드립니다.

나병춘 시집
섣달천 고양이

시학
Poetics

■ 시인의 말

어디로 가는 것일까
인생은 잠깐이라는데
할 일도 많을 텐데
오직 홀로 걸어간다는 것

홀로 걷다 보면
만나게 되리라
구름도 나무도 이정표도
진기한 새들도 꽃들도 만나고
그리운 그대도 만나게 되리

인생은 마냥 걸어가는 것
구름 따라 바람 따라 걷다 보면
강도 만나고 산도 만나고
아름다운 것들과 하나가 되리

어느 순간이면 당도하리라
꿈꾸던 바닷가 어느 기슭에
한 마리 깃 푸른 새가 되어서
새벽을 기다리는 풀꽃이 되어서

2025년 한글날
나병춘

차례

005　　시인의 말

제1부 사소한 떨림으로

013　　시나브로 수평선
014　　그냥
015　　소금
017　　소금 눈발
018　　장미 스펙트럼
020　　나침반
021　　시간의 비밀
022　　달항아리
023　　달의 변신술
025　　나팔꽃 편지
028　　사이
029　　하롱베이
031　　화간花間
033　　시詩·1
035　　사소한 떨림으로
037　　꽃받침
039　　수평선
040　　나무

제2부 낮은음자리표

043   붓
044   당신 덕분
045   엉겅퀴
046   동백
047   선암매
048   계영배
049   단풍산
050   적막
051   달이 묻는다
052   금붓꽃
053   빨간 우체통
055   나비 꽃
056   낙타 동백
059   꽃아 어쩌자고
060   봄동
061   나비
063   낮은음자리표
064   매미 허물

제3부 종이의 변증법

067 칼의 변증법
069 종이의 변증법
071 술의 변증법
072 연못의 변증법
074 칼미아의 말
076 탕의 변증법
078 때의 변증법
080 나무 시계
082 실뜨기
083 줄
084 지네와 직박구리
085 매미경
088 바람경
089 집의 건축학
091 억새의 노래
092 나무 변주곡
094 무지개 변주곡
096 바탕색
098 느티낭구 할머니

제4부 가장 그윽하고 잔잔한 빛

- 101 달새
- 102 까마귀
- 103 꽃살문
- 104 시란 詩卵
- 106 능파대 凌波臺
- 107 구르는 말은 말똥구리
- 110 어떤 청문회
- 111 술·2
- 113 DMZ 연가
- 114 사람 꽃
- 115 윤슬체
- 116 AI 바둑알
- 117 찻잔의 입김
- 119 가장 어두운 날 저녁에
- 120 섬달천 고양이 니하옹
- 123 여자만에서
- 125 바람과 나비
- 126 가장 그윽하고 잔잔한 빛
- 127 폭포

제5부 명옥헌 랩소디

131 무릇과 무릎 사이
132 하늘 고양이 니하옹
135 반달 ㅢ자
136 낙산사 동종
138 우스리스크의 바람
140 귀또리경
142 와온
144 풍경
145 수덕사 배흘림기둥
146 장천지가 章泉之家
149 명옥헌 랩소디
152 바람의 말
153 배꼽 내비게이션
155 숨바꼭질 너에게
157 새·1
158 새·2
159 새·3
160 우화
161 홍련, 너를 찾아서

163 해설 | 백애송

제1부 사소한 떨림으로

시나브로 수평선

수평선

한 줄 그리고 지우고

해와 별무리

보태고 빼고

그냥

꽃이 꽃 그림자 남긴 채
미련 없이 떠나는 것처럼

향기론 씨앗만을
대지의 허공에 뿌리듯

별이 별똥별로 훨훨
나비처럼 사라지듯

나도 나를 떠나
너에게로 날아가야지

소금

소금이 희다 합니다
소금이 검다 합니다
소금은 왜 흴까요
소금은 왜 속이 탔을까요
소금은 희지도 검지도 않아요

소금은 바다입니다
소금은 태양입니다
사시사철 바람입니다
식탁에 온 소금은
뜨겁게 타오르는 사랑

소금은 눈물입니다
바다의 짜디짠 눈물
소금은 검다 합니다
소금은 희다 합니다

희고도 검은 우주
소금은 지구 어머니입니다

말없이 두 손 모은
끝 모를 기도입니다

철썩 철썩 차르르
눈먼 파도의 선물입니다

소금 눈발

눈은 하늘이 뿌리는 소금
온갖 추악한 것들
한꺼번에 가만히 포박하여
새 생명으로 거듭나게 하는
하느님 손

소금은 파도가 만드는 사랑의 묘약
밀물 썰물 햇살과 달빛 별무리로
수많은 어군을 길러
이 세상을 풍족케 하나니

소금 눈발이 짜디짠 것은
아마도 하느님 눈물 바람인 까닭이다
겨울 봄 여름 없이 보살피는
무궁한 윤슬의 빛살
바다 어머니의 뻘사랑

장미 스펙트럼

초록 잎새들 꽃잎 이슬방울
뜨겁게 서로 포옹하면
저 영롱 무비한 별이 되던가
아니면
눈부신 빨강 핑크 나비로 환생하던가

가시들
저 여린 혼들의 아우성들
아직도
나의 가시거리에서 야옹야옹 촉수를 내미는데

적막이 고요를 거쳐서 음화로 찍히는
장미 울타리의 듬성듬성한 그늘
상처 없는 것들은 상처를 몰라
그저 허공을 헤매는 것이니

없는 것들아
있는 것들아
마침내 하나로 뭉뚱그려

천둥 치고 번갯불 번쩍거리거라

초록 연민 빨강 열정 파랑 고독 보라 신비
아슬아슬 거대한 흰수염고래의 분수 빛 춤사위
한통속으로 비벼지는
광합성 스펙트럼의 비밀스런 복도들아
알 수 없는 왕오색나비 떼로 날아오르거라

한바탕 황홀 속으로 까무룩히 침몰하거라
번쩍 우르릉 콰쾅
사람들은 간절히
또 무엇을 빌었을까나
저렇게 숨 막히는 파랑파랑 반짝임 속에서

나침반

끊임없는 떨림과
흔들림으로
나는 지금
여기 있다

뜰 앞에 서 있는 잣나무도
쉬지 않고 흔들리고 있다
바람 탓은 하지 않을란다
햇살이나 구름 탓도 하지 않을란다

저 느긋한 춤사위 속으로
또르르 구르는 다람쥐 한 마리
그 뒤를 따라 청설모도 달려간다
누구의 나침반을 찾아가는 것일까

나의 다람쥐는
시방 어느 나무를 오르고 있는가
다섯 줄 등허리 긴 꼬리
이리저리 유월 아침을 지휘하면서

시간의 비밀

시간은
내 편이 아니었다 해도
바람은 시시때때 내게 불어와

봄과 가을을
뜨거운 태양을
불러주었다

꽃보다 더 어여쁜
그대가 왔다
시간이 내 편이 아니라 해도

하이얀 눈꽃 세상
선물로 주었다
시간이 아니라 아니라 하여도

노란 수선화 하이얀 목련꽃
둘도 없는 진달래
산들바람이 아니라
아니라 하여도

달항아리

둥글고 텅 빈

천만겁 이슬로 빚어낸 꽃

나도 저 항아리에 아무 철없이 들어

작은 굼벵이로 소리 없이 뒹굴다

세월 모른 채 꿈꾸다

다시 태어나련다

방짜징 환한

달 울음소리

달의 변신술

달은 나의 스승
가슴이 딱 막히고 울적할 때
허공을 멍하니 바라다보면
빙그레 웃으며 다 괜찮다
시간이 약이니라!

푹 자고 일어나
어스름 새벽 보라꼬 있으면
오늘도 해가 뜨고 새날이 오리라
넌지시 원숭이 재주넘듯
작별도 없이 숨어버린다
만나고 헤어지는 것은
정한 이치
결코 어디에도 집착하지 마라

어느 때는 넉넉한 열이레 달로
또 어느 때는 구부정한 그믐달로
사랑에 굶주린 나를
송두리째 흔드는 당신은

내 슬픈 영혼을 위로하는
변치 않는 연인

늘 몸으로 눈짓으로만
즉답하시는 어머니
단순 명쾌한
변신술로써

나팔꽃 편지

1
虛가 무엇인가
空이 무엇인가
허와 공이 없다면
나는 또 무엇인가?

물음표로 바지랑대 타고 오르는
저 보드랍고 강인한 용수철

아침 소식 전하는
까치 태양도
저 텅 빈 능선에
둥지를 튼다

2
하나는 피어나고
또 하나는 지고

어제는 가버리고
문득 오늘은 오고

내일은
또 어디로 가나

언제쯤
다시 올까?

3
나는
전혀 없다
핀 적도 진 적도

허공에 쓰윽
풍경 하나
울리고 갈 뿐

철없는
나팔수라고
그래서 행복했다고

사이

그 시간

그 공간

그 사람

셋이서

우연히 만났네

갓 피어난 꽃구름 인연들

하롱베이

어제 보았던 태양과 달은
어디로 갔을까
배들과 꽃구름 파도들은
다 어디로 갔을까

어제 흐르던 음악들 무희의 춤들
북소리에 맞추어 뛰놀던
소년 소녀들은
다 어디 갔을까

나를 괴롭히던
마음속 상처들은
미움과 권태와 슬픔들은
또 어디 숨었을까

지금 오직 내 앞에 있는 것은
한 잔의 보드카와
부드러운 담소와 노래
파도에 실려와 꽃을 피우는 연꽃들의 향기

여기는 아무도 모르는
신선의 나라인가
하롱베이 깊은 동굴 속에서
하마터면 길을 잃고
딴 나라로 갈 뻔하였다

동굴 입구엔
하얀 나비 떼와
부겐벨리아
붉은 동백 립스틱
보라 연보라로 춤추고

화간花間

사람과 사람 사이를
인간이라 한다면
꽃과 꽃 사이는
화간이라 해도 안 되겠나

벌나비 남실거리는
이 꽃 저 꽃 사이
바람 구름 안개가 지나가고
가끔가다 천둥 번개도 번쩍이고

그러코롬 봄날은 가고
또 여름도 가을도 맺히고 풀리겠지
꽃과 꽃 아득한 벼랑
그 섬에서 벌어지는

전쟁과 평화 벌나비 아우성
알싸한 향기 포연 굉음들
아, 애면글면 짠하고
황홀한 날갯짓들

그리움과
기다림
그리고 외로움
그 아스라한 사이

화간이라 한다면
전쟁도 좀 잠잠해지지 않겠나?
벌 나비 꽃처럼 번갯불처럼
아무 흔적이나 스스럼도 없이

시詩·1

현미경 같은 망원경이다
한없이 가까이 보고
또 멀리 보는
별을 현미경으로 볼 수 있을까
모래알을 망원경으로 볼 수 있을까

멀리 볼수록
안개같이 뿌연 거짓말을 하고
가까이 있을수록
이슬 같은 진실만을 토로하는 그대

가까이도
멀리도 할 수 없는
오, 달빛 같은 존재여

근시안인 나는
너를 찾느라 시방
이 방 저 방 뒤지는 중이다
나의 천창이여

너를 통해서 나는
비로소 한 마리 왕오색나비 된다
수평선 가르는 알바트로스 된다

오, 나의 장미여
알 수 없는 거울이여
겨울이여

사소한 떨림으로

그러한 바람으로
꽃눈 잎눈이 피어나듯이
눈발이 날리다
또 봄이 오고 겨울이 가고
가을이 오고

천둥 번개 몇 번 몰아치고
태풍이 들썽거리더니
무지개 언덕처럼
아슬한 노을강처럼
무연히 나타났다 사라지는

그런 사소함으로
아무 미련 없는 사랑으로
어디론가 연기처럼
연푸른 산목련 그늘처럼

갔다 오고 또 다시금 모여드는
새털구름으로 흩어졌다

실바람으로 물안개로
느긋하게 들이쉬고 내쉬는
이런 숨결 같은 사소함으로

나는 행복하다
아무런 까탈 없이
사랑이란 미움이란
알 수 없는 까닭으로

꽃받침

받침이 필요하다
꽃이 피고 바람이 불고
벌 나비가 앉으려면

산딸나무
이름도 이쁜 산딸 꽃을
바라보노라면
꽃받침이 애틋하다

나는 누구의 받침으로
이 세상에 왔을까
엄마라는 아부지라는
받침돌이 없었다면
너와 나는 우주의 떠돌이별,

꽃받침이 있고
붉고 푸른 창백한 별들이 머무는
꽃송이 하늘에
오늘도 바람이 분다

새 아침이 없다면
노을빛 저녁이 없다면
이 바람은
저 구름은 어디서 왔을까
무시로 피고 이우는
저 파도 소리 바람 소리 새소리

수평선
그 둥그런 출렁임이 없다면
나는 어찌 살아가고 있을까
그 아스라한 받침 끄트머리

문득
별똥별 하나 반짝
칠흑을 긋는다

수평선

바다는
단 한 줄 시를 쓴다

수천수만 겹 파도로

바람은
무현금을 탄주한다

수수만리 씨줄 날줄로

나무

나는 없다

나는 무無다

나무는 나—무

아낌없이 자기를 던진다

제2부 낮은음자리표

붓

바위를 뚫는 것은
한 방울 눈물방울

처마에서 뚝뚝 지는
무뚝뚝한 무언의 몸짓

백지의
핵심을 찌르는 건

한 자루
부드런 붓

당신 덕분

바다가 섬이 보이면 됐어

아침 태양이 다시

떠오르면 됐어

정말 다행이야

이 모두 당신 덕분이야

엉겅퀴

바짝 약이 오른 살모사

수직으로 고갤 쳐들어 휘휘

어둑한 숲속에

이글이글 타오르는 저

환장할 불꽃

동백

저 붉은 목울대

울음소리 들었던가

한밤의 천둥소리

투욱,

터지는 적멸

선암매

산 넘고 강 건너 매향 천리 찾았더니

선암매 꽃눈들이

뜰동 만동 필동 말동

아직은 때 아니라고

고개만 갸우뚱

계영배

따르고 또 권해도
차지 않는 텅 빈 가슴

비워내도 채워도
텅 비어 가득한 잔

사랑아
어디 있느냐

거친 눈물 담을 빈 잔

단풍산

시월은
휘발성 기체

성냥불 확 댕기면
화르륵

일제히 폭발하고 말
저 화냥기

낮달도
앗, 뜨거
설설 피하고 마는

적막

나뭇잎 밟히는 소리
바람 소리 새소리

목구멍 타 넘는 약수 소리
어디로 가서 멈출까

겨울은 바야흐로
소리의 계절

적막도
가장 아름다운 발성인가 봐

달이 묻는다

울타리 넘어다보는 이웃집
누이처럼

산 능선 떠오르는 둥근 달이
묻는다

뭐 했어

꽃 피운 날이었니

무슨 꽃으로 환했니

금붓꽃

금붓 한 자루면
원이 없겠다

붓끝에 맺힌
영롱한 염원 하나

꽃이슬 실바람에
떨고 있을 때

아, 하는 순간 지고 마는
슬픔 한 방울

빨간 우체통

뒷골목 공원 한켠에
동굴 닮은 빨간 우체통 한 채
과거와 현재의 소식들이 얼굴 부비며
낙엽처럼 오래 발효하던 그곳

허름한 매무새의 노숙자
신문지 몇 장에
널브러진 박카스병 맥주캔
둥글게 허릴 말고 누워 있었는데
웬일일까

아무런 낌새도
소식이나 편지 한 장 없는
텅 비어 붉은 사과 집
갑자기 몰래
우화해버린 것일까

찢어진 신문지가 바람결에
이리저리 함부로 구르다

구부정한 할머니 유모차 뒤를
한참이나 좇아가더니

서너 살배기 웃음소리
꽃 피어나는
하오 세 시 반
붉은 사과 한 알

나비 꽃

간밤을 꼬박 지샜는가
이슬방울 안고 자는 흰나비여

나비인가 했더니
꽃잎 하나
나
   폴
      나
폴

꽃인가 했더니
흰 날개 되어 날아가네

어디로 가는가
나비여

한 생명 다한
꽃이여

낙타 동백

낙타 한 마리 걸어오고 있다
수천수만의 격랑 헤치고
카멜리아
동백 한 마리 두 마리 열 마리
천 마리 천만 마리

수천 길 낭떠러지 파도를 헤치고
수만 겹 달무리 별자리 벗 삼아
오늘도 달려오고 있다
나를 찾으러

고요와 적막으로 둘러싸인
안마당에
나의 창문 윈도우즈에
카멜리아 네가 왔구나
낙타 세 송이
다섯 송이 새벽을 열고 있구나

창을 열면

알 수 없는 천 겁 인연 미소를 띠고
붉은 입술
금강을 설하고 있구나
카멜리아
나의 연인아
내게 키스해다오

천만 겁 황홀로써
시베리아 설한풍 다 견딘 차마고도
차갑고도 뜨거운 너의 심장을 보여 다오
카멜리아
네가 왔구나

흑등에 푸른 파도를 싣고서
타오르는 입술에 알 수 없는
회오리바람 머금고서
화엄을 노래하고 있구나

메멘토 모리

카르페 디엠
나의 금강 화엄경
카멜리아 꽃이여
나의 천사여

꽃아 어쩌자고

누구를
부르고 있나
동백의 붉은 입술은

누굴 위해
타고 있나
저 노란 암술은

이른 봄
아,
어쩌자고

꽃샘에
떨고 있느냐

봄동

봄동은 '봄똥'이라야
천상 제맛이다

똥오줌 쫙 찌클어야
배추 호박도 쑥쑥 큰다

봄똥을
'봄동'으로 말하면

봄이 제때 오지 않을라?

나비

나비는 날개를 가졌어요
하늘을 접었다 폈다 마음대로 하는
두 개 부채를 가졌어요
한 번 부치면 천둥번개가 치고
남태평양이 춤추며 태풍을 일으키는

나비는 귀를 가졌어요
하늘 소리와 땅의 소리 골고루 듣고
꽃들의 한숨소리 향내도 듣는
가끔가다 손뼉이라도 치면
꽃들이 환호하며 무도회를 벌이는

나비는 두 잎새를 가졌어요
이른 봄 만물이 고요할 때
새싹 애벌레 꿈속에서 불러내는
희한한 두 개의 톱날을 가졌어요

고치에서의 긴 동면을 끝내고
은근슬쩍 흥부네 박을 타듯

완강한 문을 썰어내는
아무도 모르는 이빨을 가졌어요

낮은음자리표

다람쥐는
꼬랑지로 말한다
아무 말 없이

나는
꼬랑지가 없어
슬픈 짐승

달변의 혓바닥으로
시도 때도 없이 지껄인다
나도 저
오선지 닮은
꼬랑지가 있다면

얼마나 좋으랴
말은 획, 던져버린 채
건들바람 천둥 무지개 더불어

춤출 수도 있으련마는
낮은음자리표로

매미 허물

네 맴
내 맴

맴 매앰 맴 매애애~

네 맘 짚어
내 맘이라고

고작 남긴 것은
허름한 허물 한 채

제3부 종이의 변증법

칼의 변증법

버리는 것은
벼리는 것이다
무딘 칼이 숫돌에 몸을 던져
제 몸을 헐어내야
비로소 날빛으로 빛나는
칼다운 칼이 된다

별들도
어둠 속에 버림받아야
비로소 빛을 발하며 제 할 일 다 한다
눈부시도록 푸르른 낮에
싹둑싹둑 베이는 저 여린 풀잎들
그 처절한 살 비린내
맡아 본 적 있느냐
하동지동 떨던 풀꽃들도
염소의 어금니에 잘 버물리어
한 잔의 우유가 되는 것이리

아득한 은하의 별자리

스스로 날카로운 절망 속에서
비로소 깨어나는
차가운 이성의 눈동자들
호올로 고독 속에 잘 벼려져
마침내 벼리고야 마는
칼의 변증법

종이의 변증법

날카로운 새 책 모서리에 살짝 금갔다
핏방울이 슬몃 비추더니
이내 이슬처럼 맺힌다
시는 "핏방울로 써라" 하는 듯
종이 모서리가 나를 쏘아본다

쪽을 열 때마다
매섭고 따스한 눈망울들
꼭꼭 눌러 쓴
펜촉 끝이 환상통으로 느껴진다
무림 고수의 서늘한 눈빛이
섬광처럼 빛난다
일진광풍이 휘몰아친다

합, 합, 합,
순식간에 결판나는 칼싸움
댓잎 사이로 번지는 달빛 그림자
칼을 놓친 자는
표표히 사라진다

"바늘로 우물을 파라"*
여행도 시 쓰기도
바늘로 우물 파듯 끈기 있게 문신처럼
나의 심장을 저민다

아차,
실수로 살짝 금갔다
검지손가락 끄트머리
종이는 칼이다

* 오르한 파묵의 노벨 문학상 수상 연설문에서 빌려옴.

술의 변증법

술도
예술도
입술도 아니다

배가 고플 때 뜨는
한 술의 술
고봉밥에 술술
피어나던 엄니의 숨결

잔잔하게 스며들던
자장가 한 가락
영혼이 고플 때
흘러나오는 휘파람 소리

당신 입술로 읊조리는
절창의 시
한 편

그 한 술
어찌
잊을 수 있을쏘냐

연못의 변증법

황금 못들이 박혀 있구나
언제쯤 저 못들을 뺄 수 있으려나
궁금증 도진 이파리들 초록초록 파도치는데

연꽃잎 다 져버린 처서 무렵
탈탈 털린 못 자국들
허공에서 낄낄 노파처럼 웃고 있네
연못은 못 자국 멍 자국들의 전시장
고추잠자리 하나둘 꾸역꾸역 몰려들어

고갤 갸웃거리며 연 잎사귀 비틀린 입술에
마지막 키스를 보내네
바스락바스락 서로 비벼대는
등허리의 쓸쓸함이라니

빈 연못에
연꽃처럼 둥두렷 펴 오르는
보름달
무현금 소리

그 향기 그 색깔은
가없는 어둠을 어루만지며
아득히 울려 퍼지네

칼미아의 말

날이 닳아져야 사그라져야
비로소 칼이다

꽃이 지고 나서야
비로소 꽃이 되듯
칼 마르크스는 변증법으로
이론을 설파했지만

칼미아*는 꽃으로
시듦으로 증언한다

몸의 말이야말로
변증법 너머 변증법이다

시든다는 건
'씨'가 들었다는 것
이보다 더 분명한 변증법이 어디 있단 말이냐

칼미아에게 귀를 기울이다

나는 우주 미아가 되고 말았네
꽃봉오리 속 한 마리 꿀벌이 되어

* 칼미아 : 진달래과의 만병초 종류 중 하나.

탕의 변증법

땅, 땅, 땅,
탕, 탕, 탕,
이 무슨 소린가

못 박는 소리
총 쏘는 소리
지구는 만신창이
걸레 쪼가리 되었다

못 박고 뭉개고 또 쓰러뜨리고
갈아엎고 온갖
못된 짓 서슴지 않았다
앓고 또 앓아
이제는 반신불수

저 말 못 할 사정
그 누가 알아주랴
탕 안에서 때를 밀지 마세요
나의 앞에 경구로 서 있다

당당한 탕의 선언 앞에
이제는 무릎 꿇어야 하리
탕, 탕, 탕, 한 방 날리기 전에

때의 변증법

대중탕에 와서
때를 밀고 당기고 밀당놀이 중이다
적절한 때
적절한 곳을 못 찾아 헤매 다니다
겨우 들어선 이곳

이때 저 때 따지다
놓쳐버린 절호의 순간들
그때
어느 역 어느 카페에서 만나자고 했던
바쁜 일 핑계로 다 놓아버린
나의 때들아

잘 가거라
때꼽쟁이 틈에서 소용돌이 춤추는
사타리 거웃이나 머리칼 보아라
에스 라인으로 삐긋이 웃으며
글썽거리며 사라져가는 뒷모습

때는 이때 저 때
따질 것 없다
그냥 카르페 디엠
눈 마주친 그대랑
밥 한 끼 먹고잡다

잡아서 놓치지 않으면
그대는 오랜 인연 실타래로 남으리
씨줄 날줄로 엮어진
때의 디엔에이
조상님으로 거슬러 오르는
연어 떼를 보아라

때는 떼거지로 몰려야
새로운 피가 되고 살이 되어 고고성 울리는 것이다
응애—
응응 응애
대대로 아이가 태어났다

나무 시계

나무는 시계다
모래시계
한때는 올바로 섰다가
가을이면 뒤집어엎는다
우수수 쏟아지는 낙엽들
곤충들 나비 애벌레들
새의 깃털들
또 봄날이 오면 새로 뒤엎는다

초록초록 이슬방울들
영롱하게 매달아 허공을 밝힌다
거미도 어느 틈에 나타나
별자리를 점지한다
벌 나비 떼 날아들어
꽃눈 잎눈에 꽃송일 매단다
시계의 화려한 부활이다

다람쥐도 다람다람 오소리 담비도
오솔길 따라 숨바꼭질이다

나무는 거꾸로 엎어지는 시계
봄여름 가을 없이
시시때때 변덕을 부린다

그의 변덕이 없다면
초록 지구는 어느 순간
사막이 되고 말 것이다
시간을 갈고 또 갈아엎는
그 모래 폭풍이 몰려오고 있다
저 침묵의 숲에서

실뜨기

실꾸리가 터진 상처를 꿰맨다
찌르고 박고 빙 돌아 다시 찌르는
저런 평화로운 암투가 있다니

엄니 두 손 틈에서 벌어지는
끊임없는 결투와 화해
아이는 엄니가 짜준 장갑과 목도리를 두르고
설한풍 속에서
연날리기 한다

살을 에던 북풍도
따스한 목도리 속에서
혼곤히 쓰러진다

줄

논줄이 밥줄이다

밥줄이 목숨줄이다

줄줄이 이어진 줄에

햇살 구름장도 쇠백로도

저물도록 놀다 가고

지네와 직박구리

지네가 밤나무 줄기를 기어가다
새를 만났다
새 중에 짓궂은 장난꾸러기 새

직박구리가
콕, 찍어 냠냠 먹어버린다

실은 이것은 살해의 현장이 아니다
수많은 다리를 가진 지네는
날고자 하는
욕망의 존재

그 절망을 함께 물어뜯으며
지네의 열망을 채워주는 것이리
잔인한 탐식도 사랑이 될 수 있는 것을

지네와 직박구리는
어찌 알았을까

매미경

여름내 나무 아래서
그대의 노래 엿들었다
찌룽 씨룽 쓰르렁
사랑 싸랑 싸아랑
시팔 詩叭 詩叭
매암 매암 매애앰

도대체 먼 소린지
가차운 소린지
내 멍텅구리 귀에는
해독이 되지 않았다
여름내 울다 간 자리에
빈껍데기 호올로
적막강산

그렇구나
詩叭 時叭
나발을 불어대도
막무가내인 세상

나 이러코롬
홀로 떠나노라
아무 미련도 아쉬움도
보내지 마라

시팔 씨팔 거리의 아우성
대변하는
이 세월의 대변자
큰 똥 누지도 않고
고작 빈껍데기 사랑

사랑 싸랑 싸아랑
詩佛 時佛 時詩佛
사람을 찾습니다
이곳저곳 널린 소문들
한 노래로 묶은
세월 시집

고마웁고나

시팔 시펄 씨부랄
민초들의 원성도
빈 메아리로 듣고 계시는
개...호랑말코
탐관오리들 개나리 오적들

다 매미 소리에 귀 기울이시라
결국은 다 빈손으로 돌아가나니
너무들 서운케 마시거라

저 죄 없는 중생衆生들의 눈물
어이 할거나
詩叭 時叭
詩佛 時佛 時佛割~

허참
모두가
시시불是是佛 처처불處處佛이로고

바람경

바람이 꽃을 흔드는 것이냐
꽃이 바람을 흔드는 것이냐

끊임없이 유혹하듯 다가서는 벌나비
그것을 끝내 거부하지 못하는 꽃

그 누가 꽃을 탓하랴
흔들리지 않는 건 꽃이 아니다

흔들리지 않는 바람도
바람이 아니다

금낭화 연등 행렬
어둑한 뒤안길 밝히고

집의 건축학

나라는 벽과
너라는 벽이 합하면
방이 된다

너라는 방과
나라는 방이
함께 어우러지면
집이 된다

네가 없다면
내가 없다면
어찌 지구라는 별이
달이라는 별이 완성될까 보냐

저 후미진 돌 틈 사이
노란 민들레
보라보라 제비꽃
지지배배 처마 아래 제비들

감감무소식
아무것 오지 않는다면
어찌,
새봄이 당도하겠느냐

억새의 노래

봄여름은
더하고 곱하기

가을 겨울은
빼고 나누기

더 보태고
빼는 게 그 무엇이랴

눈 덮인 벌판에 빼꼼히 흔들리는
억새풀 마른 대궁

그 누가
저러코롬 애타게 우는가

나무 변주곡

강물은
대지에만 흐르는 게 아니다
눈을 들어 하늘 보라
나무 기둥 붙잡고
가만히 귀 기울여 보아라

나무 숲 여울강
수직으로 길 내는 소리
쏴아 쏴 조올 졸
오색딱다구리 청딱다구리도
딱다글 딱 따그르륵
하늘소 사슴벌레 길 뚫는 소리

저 적란운 속
끼룩 끼루욱 노 저어가는
리을 시옷 기러기 강물 보아라
내 막창 속에도
꼬륵 꼬르륵 배고프다 울어쌓는

저 찰거머리 아귀 같은
쓰달픈 외로움
뼈저린 그리움
길 내는 소리

호올로
바람길 뚫고 가는
오래된 미래의 강물이여

무지개 변주곡

무지개는 무이다
무처럼 길고 둥글게 휘어졌지만
무겁지 않고 가장 가볍다
하얗지 않고 오색 현란하다
세상 근심 덜어내는
가장 맛있는 무이다

무지개는 무다
허공에 물방울로 집을 지었다
금세 집을 허물고 만다
없는 집을 없는 자에게 선물한다
없으므로 꽉 찬 꿈을 준다
없는 것이 있는 것이므로
있는 것이 없다는 걸 증명한다

무지개는 지게이다
허공을 떠받치는 사다리
그 사다릴 타고 아이들은
창공으로 무한히 날아간다

순간 나타났다
꿈처럼 물러가는
우주의 지게

무지개는 개이다
목숨을 컹컹 짖어대는 개
짖다가 지치면
구름 햇살 뒤로 숨는다
소리 없이 짖으므로
그 목소릴 듣는 자가 드물다

허공을 가만히 물어뜯는
없는 색깔과 향기로
일곱 가지 붓을 칠하는 개
온갖 악상을 그려놓고
빈 구석에 마술을 펼치는
허무의 시인

그는 시방
무슨 지게를 짊어지고 가는가

바탕색

우리네 바탕은
어두운 파랑이 마땅하다
깊은 하늘도
넓은 바다도 파랑이다

끊임없이 일렁이는 파도들의 생채기
퍼런 멍들의 춤
멍들은 잎새가 되고 자유로이 날으는
새들이 되고
지느러미 펄렁거리는 물고기 되고
돌고래 흰수염고래 되어
수평선을 떠메고 가는 것이다

서럽다고 슬퍼하지도 서운해 하지도 말 일이다
퍼런 바탕에 뭉게구름 흰 꽃도 붉은 노을도 그려보자
은은히 꿈결처럼 떠오르는 별무리도 그려보자
그리고 또 그리다 보면
파랑은 바다가 되고 하늘이 되겠지
너와 나,

어디론가 실어가는 눈물방울 되겠지

우리네 삶의 바탕은
파랑이 마땅하겠지
창백하니 빛나는 푸른 별
지구촌의 하루
또 하루

느티낭구 할머니

평생 기다림이 버팀목이었다
이제 올까 저제 올까

동구 밖 자갈돌 모래바람 될 때까지
정자수 느티낭구 아래서 기다리고 기다렸네

멀리 손차양하고 보라꼬 섰는 저
구부정한 꼬부랑길

혹시나 꿈에라도
이제나 저제나

제4부 가장 그윽하고 잔잔한 빛

달새

누가
저러코롬 심드렁한 허공에
문장부호를
찍어 두었을까

우는 아이에게 물어보라
엄마 얼굴이라 한다
춥고 배고픈 사람에게 물어보라
뜨거운 밥그륵이라 하리라

어떤 때는
날카로운 칼이 되기도 하고
또 멍하니 보라꼬 있으면
둥그런 무덤이 되기도 한다

바라볼 적마다
또 다른 느낌표 던지는
둥그런 물음표 하나

아, 저런 달새는 어디 있을꼬

까마귀

새카만 까마귀라 흉보지 마라
누가 저처럼 당당한 새가 있을까

깊고 높은 산정
아무도 오지 않는 곳에서

가. 각. 가~악!
악은 가거라
곱게 떠나거라

메아리치는 선지자
눈물겨운 쓴소리

꽃살문

문 열고 닫는 사이
거기를 영원이라 하자

바람 부는
여기를 순간이라 하자

아뿔싸
놓치는 지금

찰나, 찰나
달려오는 그 꽃

시란詩卵

시에도
유정란 무정란이
분명 있을 거라

맛은 차치하더라도
과연 생명의 핵이
있느냐 없느냐
그것이 문제로다

혹자는 쉬운 시
어려운 시를 따진다만
나에게 묻거든
유정란이냐 무정란이냐
그거만 살펴보리라

아무리 길고 지루하고
난해한 시라도
그 둥지에 알을 품고 있는
암탉 한 마리라도 나타나면

안도하리라
서러운 가슴 쓸어내리며

길거리나 시장통에도
씨 없는 수박이 있듯
시나 음악 혹 그림에도
알맹이 없는 꽹과리가 허다하니

독자들이여
유혹하는 것에게
가끔 현혹되어 보아라

능파대 凌波臺

능파대 바위에 올라서니
나도 몰래 성난 파도가 되어
도무지
여기가 어디인 줄 몰라
비몽사몽 되었다네

아득한 백악기 공룡알 되어
동그르르 동그란 파도 속에서
꿈꾸는 시조새
저 구멍 속 아득한 둥지 품어
별무리 달무리
윤슬의 알 하나 둘 셋 까는
한 마리 파도새

능파대 낚시꾼들은
이명으로 아득히 들려오는
영혼 낚으려
한밤을 지새우고

구르는 말은 말똥구리

길길이 뛰는 망아지들의 갈기와 발자국들
구르고
구르다
구름이 되어 날아가고 천둥번개 되고 그 빗방울들이 날아들어
지렁이 되고 청개구리 되었다

꼬꼬꼬 꼬꼬닭 수탉에게 뛰어들었다
노랑 병아리 뺑뺑뺑이 되어 탱자울로 숨고
한 덩이 말똥 닭똥 무더기 속에서
꿈틀, 꿈틀,
꿈의 둥지를 짓고 있는
달개비 씀바귀 나팔꽃 풀꽃 사이
말똥구리 한 마리

저 한 채의 경단 속에서
게으른 한잠 자는
꾸물꾸물 굼벵이들
그 꿈길에 오밀조밀

맑고 그윽한 오솔길 내고 싶다

똥 한 덩이 날아가
민들레 방가지똥 꽃으로 비상하며 웃는 날
말의 말들은 비로소
히히힝 히히하하
천하를 호령하듯
청총마 갈기를 흩날리듯

날아가라
중앙아시아 티벳 지경이나
아프디아픈 아프리카로 아메리카로
세렝게티 누떼들
알록달록 얼룩말들
평화로이 똥 누고 울부짖는

머나먼 사바나 푸른 지대
코끼리 하이에나 호랑이들에게 잡아먹히기도 하는
오이풀 토끼풀 새콤달콤 쌉스레한

꿈길의 오아시스 샹그릴라 만들어라

길길이 날뛰는
말의 똥들아
말똥구리 쇠똥구리
천방지축 망아지 송아지 새끼들아
어디든지 깜냥껏 날아가라

어떤 청문회

7월 하늘 모서리가
우르릉 쾅 무너진다

천둥 번개 으름장은
누구네 청문회인가

뜨끔한
가슴 한구석

가만히 휴~
쓸어내린다

술 · 2

술은
물과 불의 비무장지대
서로 다투는 물과 불에게
중매쟁이 되어 달래는 건
술의 몫이다

물불 가리지 않는
술의 괴력을 알고도 모르는 척
먹장구름은 새털 양떼가 되어
개마고원 바이칼호수로 먼 태평양이나 시베리아로
사라지고
불은 불대로 태풍을 일으키며
들끓는 짐승을 잠재운다

저 백두 천지와
한라 백록은
언제쯤 하나 되어
으스러지게 포옹할까

함께 만나
금강주 한라주로
밤새도록 한잔 꺾세나
세월 모르고
주거니 받거니 하다 보면
술술술 저절로 풀려

천하통일도
언젠가 스르르 풀리겠지
열려라 참깨!

DMZ 연가

사랑하는 사람은

온 세상

영웅이란다*

노래가

울려 퍼질 때

베를린 장벽은 와르르

시인아

부르짖어라

사랑이 하나 될 때까지

* 데이빗 보위(영국의 싱어송라이터 겸 배우)의 〈히어로즈(Heroes)〉 중에서.

사람 꽃

그의 시는 쓸쓸쓸
귀또리 낙엽 지는 소리

또 다른 이는
허랑방탕 뻐꾹새 소리

또 어떤 이는
질풍노도 야생의 소리

꽃송이 향내 풍기는
그 사람 시詩 보고 싶다

윤슬체

누가 쓴

흘림체인가

햇살 붓 수천수만 번

천하의 명필이로세

AI 바둑알

탁구 알보다 작은데

만리장성도 뛰어넘는다는

이세돌의 신통한 바둑알이

오대양 육대주 뒤흔들고 있다

알파고

보이지 않는 돌

사람들 혼을 쏙 빼놓고

찻잔의 입김

한 잔의 찻잔 속에서

꿈꾸듯 날아가는 하이얀 깃털들

창밖의 눈사람이 그리운 것이냐

만경창파 수평선이 부러운 것이냐

그렁그렁 무슨 글자를 썼다 지우고 또 쓰고

서로의 눈빛에 어리는 저 알 수 없는 언어들

텅 비우고 떠난 빈자리

저 고독한 의자들 빈 잔들

창밖엔 눈보라 휘몰아치고

진도 섬자락에 명멸하는 아쉬운 입김들

끼룩 끼루룩 날아가는 철새들

어디 하늘로 이사 가는지

가장 어두운 날 저녁에

누구를 향하여
저토록 흔들리는가
실바람에도 깜짝 놀라
간드러지는 너는

누구를 닮았는가
이 못 견디겠는 고독을 닮았는가
칠흑 밤새도록 태우는 너는
누구의 혼불인가

소쩍이 운다
초저녁부터 새벽까지
검은등뻐꾸기도 홀딱 벗고 홀딱 벗고
무엇을 하자는 것인가

촛불 호올로
간드러지게 타오르는
가장 어두운 날 저녁에

섬달천 고양이 니하옹

햇볕 계단 아래
흰고양이 한 걸음 걸어가면
검은고양이 야옹야옹 또 한 걸음
흰고양이 두 걸음 사뿐히 걸어가면
검은고양이도 두 걸음 사뿐사뿐
섬달천 아득한 마을로 가는 흰고양이
검은고양이 따라 나도 어슬렁어슬렁 따라나서는
어느 봄날

흰고양이 서너 걸음 앞장서면
검은고양이 서너 걸음 조심조심
나도 덩달아 얼씨구 사뿐히 시나브로
그 어느 적막한 마을에 닿을까

햇볕 계단 따라가다 해찰하며 엉거주춤하다 보면
어느새 검은 건반은 흰 발자국 되고
흰 건반은 검은 발자국 되어
똥또동 똥토도동 연둣빛 새치름한
비발디 섬달천 마을로 들어서게 되리라

어느덧 눈도 다 녹아버리고
 얼룩고양이 새끼들이 서로 어울려
 흰고양이 엄마와 검은고양이 아빠가
 새끼들을 핥고 빨고 구르다 뾰로통 장난치는
 진달래 목련꽃 화사한 섬달천에 선뜻 들어서는 거였는데

 흰고양이들은 하얀 목련꽃 송이 송이로 타오르고
 검은고양이들은 또 목련나무 둥치 타고 올라 우듬지를 키우고
 어디선가 뾰롱 삐빗종 뱃종뱃종 밭종다리
 푸르른 보리밭 밀밭 창공으로 치솟아 오르는
 어느 화창한 봄날이었는데

 멧비둘기도 흰 건반 검은 건반 햇볕 계단 따라
 구구국 구구국거리며 흰고양이 검은고양이마냥
 열 걸음 스무 걸음 산굽이 따라 휘이휘이 날아오르곤 했었는데
 하얗고 까만 건반들이 흰별 파란별 노랑별 별자리

모냥 야옹 니하옹거리며
  아득한 어스름 따라 비발디 사계를 몽돌처럼 따글따그르륵 연주하곤 하였는데

  밀물 썰물도 덩달아 휘파람 불어제끼며
  씽씽씽 어느 섬 기슭으로 날아가고는 했었는데
  섬이랑 달이랑 노는 섬달천 윤슬윤슬 별무리 되어
  밤새도록 숨비소리 아- 욜랑욜랑 야옹 니하옹

  달빛 아래 춤추는
  무희들 발장단 소리 어렴풋이
  흰 건반 검은 검반 똥토동 토동당동 통탕거렸는데

여자만에서

바위도 소리치고 싶다
때로는 울부짖다
까무러치고 싶다

얼마나 무너졌으면
조각난 바위나
몽돌이 되었으랴

먼 바닷가 호올로
수평선 바라보는
섬 하나

가라앉았다 또다시
절망처럼 떠오르는
네가 그리울 적마다 떠올라
우두커니 바라보는

저러코롬 꺼멓게 타버린
용암바위

비룡처럼 타오르고 싶은 욕망이
해일 소리로 번져오고 있다

떠오르는 태양보다
더 뜨거운 열망이
어스름 새벽을 태우고 있다

여자만 기슭
'여'라는 바위 하나
서러움에 떨며
천년 침묵 속으로

바람과 나비

내 콧구멍 속으로
나비가 날아든다
꿈나비 호랑나비 제비나비

나는 호랑나비 되었다가
제비가 되었다
빨랫줄에 앉았다
다시 콧구멍 속으로 날아든다네

콧구멍 속에 사는 나비가
세상을 떠돌다
약모밀꽃 얼레지 나도바람꽃에 앉았다가
이름 모를 향기가 되었다네

지금 여기,
코끝에 향기로 날아드는 나비들
나는 한 마리 애벌레 되었다가
사향나비 되었다 하얀 고치 되어
깊은 잠에 빠져든다네

나는 바람이라네

가장 그윽하고 잔잔한 빛

가장 그윽한 향기는
작은 꽃 속에 숨어있듯
가장 귀한 깨달음은
짧은 詩 속에 스며있다

가장 아득한 속삭임은
어둠 속에 길 내는 반딧불이에서 들려오듯
가장 고요한 노래는
깊은 산속 옹달샘에서 시나브로 피어난다

가장 고요하고 맑은 빛은
새벽 호수에서 물안개처럼 피어오르듯
가장 따듯하고 시원한 기도는
고개 수그린 어머니 눈물 속에 빛난다

폭포

불의 물
수천만 년 숨겨둔

진주의
별무리들

불현듯 툭, 터져 나온다
콸, 콸, 콸,

저 아득한 물보라
오색 무지개로 타오른다

제5부 명옥헌 랩소디

무릇과 무릎 사이

무릎 십자인대가 고장 나니
꽃무릇 보러 가기 틀렸다

무릇
날 겸손하게 만드는 무릎

날 낮춰야 한다는 걸
꽃에게서 배운다

무릎이 다 나을 때까지
기다리고 있으려나

그 꽃!

하늘 고양이 니하옹

시월 햇살이 쟁쟁거리며
전나무 숲에 쏟아지던 날이었지
그 다사로움에 젖어
한참이나 이곳이 어디던가
샹그릴라 무릉이던가
헤매고 있을 적에

어디선가 냐옹 니하옹
길고양이 소리 귀를 파고들었지
저기 멀리서 범종은 댕글거리는데
아, 다사로운 햇살 바람과
고령산 능선에서 번져오는
알 수 없는 신묘한 소식 틈바구니

어디선가 법문보다 더 해말간 소리
좀작살 열매보다 더 연한 보랏빛으로
야옹 니하옹
오래된 암자 뒤안길 담장 위에서
졸다 깨다 비몽사몽간에

나를 일깨우고 있었네

백척간두 진일보
해으름 빛보다 더 여릿하고 날카롭게
비집고 스며드는 그 소리
하늘 고양이 법문을 한참 동안
귀 기울여 듣고 있었네

설핏 기울던 햇살은
어디론가 숨어버리고
허리 구부정 낮달이
텅 빈 나의 허공을 채우고 있었네

달 속엔 하늘 고양이 한 마리
푸른 적막 속에서 냐옹 니하옹 뛰놀고 있었다네
꿈인가 생시인가도 모른 채
거기 그곳에
나의 마음을 두고 왔었네

시월 싸한 해거름 저물던
그 불이문
비천문 메아리 그 너머

반달 ㄴ자

죽어서도 ㄴ자인
떡갈나무 둥치

후미진 모롱이 그늘에
반달이 사뿐 걸터앉았다

수줍게 손 가리고 웃는
뻐드렁니 ㄴ자

떡갈 잎새도 실바람에
깔깔깔 삐걱거린다

낙산사 동종

화마가 다가왔다
불구덩이 속에서 절규하였다
종각은 와르르 무너지고
몸도 부글부글 끓었다
해체되는 중에 누군가 손길이 있었다
부처님인가 파도 소린가
그 무엇인가 끓는 심장을
식혀주었다

타다만 나의 최후는 시방
박물관 유리창에 갇혀 있다
나는 종이다
울지 못하는 속울음으로 울고 있다
인정사정없이 두들겨다오
잃어버린 목소리 되찾아다오

식어버린 심장의 노래
끓다 만 영혼의 노래
누가 대신 울어다오

차마 감고 만 눈에서
눈물을 지워다오

종은 울지 않으면 더 이상
종이 아니다
울지 못한 노래
동해 바다 수평선 날개에 태워
도리천 끝까지 날아가고 싶다

불타버린 낙산사
금강송들의 절규
묘음조妙音鳥에게 알알이 전하고 싶다

우스리스크의 바람

아, 당신은
머리칼 스치는 바람
얼굴을 따스하게 감싸는 햇살

그 햇살에 실려 오는
감미롭고 은은한
아니, 당신은
괴로운 황홀함을 선물하는

새 아침
아, 당신은
꽃송이 주변을 춤추는 나비
나비처럼 휘몰아치는 회오리

회오리 속에서
언뜻 비치는 흰 구름
아, 당신은 뭉게구름 타고 날아다니는
태양의 불꽃

불꽃 적막 속에서 속삭이는
희한한 가릉빈가 새소리
메아리 되어 날아오는
그 휘파람 소리

그 소리에 나는
깊숙이 파묻혀
깨어나지 못한다
그 아스라한 심연 속에서

귀또리경

시인들이
귀또리 소리
받아 적는 게
아니다

미처 다 부르지도 못한
사랑의 노래
죽어 허공을 맴도는
풍각쟁이들의 영혼을 담아

밤이고 낮이고
저러코롬 서럽게
올을 짜고
풀어내는 것이리

올올이 하늬 베틀 북 속에서
춤추는 거미줄
방울방울 맺혀 또링또링
씁쓸 싸르르 찌르르 찌륵

연두 풀빛 메아리

어스름 달빛 베짱이
구불텅 동그르르
달팽이관 속으로
오르락내리락

와온

그대는 외로워 외로워서
외롭지 않다
태양과 파도와
바람과 구름과
푸른 나무들 꽃들 새들과 항꾸네라서

온화한 송아지 얼굴
짭조름한 뻘 향기
와온, 부르기만 하여도
달려 나오는 큼지막한 눈동자

첫,
이라서 와온이다
그 서러운 듯 평화로운
노을빛 뻘밭

서걱서걱 나부끼는
갈대 사운거리는 소리
먼 노을

문득 지고 가는
흑두루미 뚜룩 뚜루룩 날갯짓

풍경

허공에 매달린 청동 신발 한 짝
틈틈이

댕그렁
댕~

그 누가 매달아 두었나
누구를 애타게 찾아

아득히
적막을 울리는가

수덕사 배흘림기둥

어디서
천년 바람 범종을 울리는가

가만히
귀 기울여보니 둥두렷 떠오른 저 옹이들

학춤을
추썩 추썩거리며 날아오를 듯 숨죽이며

살아서
천년을 견뎌 죽어서도 천년이라

뉘라서
배흘림기둥 잘났다 못났다 하랴

세계일화世界一花
지극한 꽃송이 언제나 푸르른 강산

오호라
양 날개 펼쳐 천년만년 웅비하리

장천지가 章泉之家*

장천에 달빛이 스르르 잠기면
유장한 가얏고 선율이 되어
뒤안의 금목서 줄기와 뿌리
꿈같은 꽃대궐 만들고

장천에 별무리 쏟아지면
처녀별 사수별 큰곰 작은곰자리 어울려
밤새도록 춤을 추고
비파 제금 태평소 꽹과리 소리
강강수월래 춤사위 펼쳐지고

칠흑 어둠이 밀려들면
언제런듯 한 일 자 수평선
밀물 썰물 달래듯
꿈길로 인도한다

저 작은 호수 속에서 벌어지는 일은
아무도 모르라고 펼치고 접는 접부채
확독을 쓰던 어머니의 어머니

그 어머니의 눈물과 한숨이 아롱져

생일 떡이 되고
환갑 진갑 모시떡 인절미 되고
긴 겨울 대비하는 고춧가루 된장 청국장 되어
별보다 더 많은 꽃과 벌나비를 부르더라

장천에 가만히 고갤 숙이고 바라보는 시인이 있어
우주에서 들려오는 새소리
바람 소리에 운을 맞추어
금목서 토옥 톡, 터지듯 시를 자아내더라

저 장천에는 분명 맷돌이 숨어
먼바다 밀물 썰물과 하이얀 소금기 불러와
이 거칠고 삭막한 세상에
우주홍황宇宙洪荒 알 수 없는 샘물로 황홀케 하더라

배고프고 목마른 자들에게
알 수 없는 춤과 노래

밤새도록 홍얼홍얼 불러주면서

* 기행가사의 효시인 『관서별곡』의 저자, 기봉 백광홍 선생 후손인 백수인 시인이 고향을 지키며 살고 있다.

명옥헌 랩소디

명옥헌 인근에 사는 시인은 좋겠다
한창때 명옥헌 연못가에는
허공에도 연못에도 자미성 별자리들이 떠서
시인의 노래 소릴 엿듣는다는데

별 뜨는 소리에 시인은 잠 못 이루고
밤새 재봉틀을 돌린다는
새벽에 방바닥을 바라보면 수많은 붉고 노랗고 파아란
별자리들이 소곤 소곤거리며 시인을 바라본다는데

배롱나무 꽃들이 재봉틀 속으로 달려와
꽃방석이나 꽃이불 되고
은근한 커튼도 걸려
배롱꽃 환한 구름 꽃동산

연못이나 언덕이나 하늘이나 그야말로
배롱나무 천국을 이루며
시인을 싣고 아무도 모르는 곳으로 날아가

정신줄 놔버린다는데

　이 소릴 전해 들은 나도 솔깃하여
　그 천리향 만리향 향내 조금 맡을까 하여
　걸음아 달려라 달려 자미성 별자리까지 금세 달려가 보았는데
　아뿔싸, 휘영청 달 밝은 창가엔
　예의 재봉틀 소리에 들들들 들들들 들락날락하는 밤새들 소리

　꽃들은 아직도 피고 지고 또 피고 져서
　마당과 연못을 가득 채워서
　벙어리뻐꾸기 소쩍새 들판의 개구리 떼까지
　자미성 별자릴 싣고 날아간다는데

　여름날이면 안마당에는 은하의 별무리까지
　연못에 피어난 배롱나무 꽃과 새들을 만나러 모여든다는데
　밤새도록 돌리는 재봉틀 소리

파도 소리 울어쌓는 미리내 소슬한 퉁소 소리 온통 하나 되어
 배롱배롱 황홀한 랩소디 윤무 속에서
 하늘의 온갖 천사들도 오르락내리락 한다는데

 이 광경에 어깨춤 추썩거리던
 기둥도 대들보도 우지끈 뚝딱
 처마도 날아가고 지붕도 달나라 별나라 속으로 날아가 버려서
 사람들은 아직도 배롱나무 환한 빈 마당에 모여
 하릴없이 노을 타는 속으로
 붉은 꽃송이 하나둘 집어 던진다는데

바람의 말

쪼그라진 입술들
연못에 널브러져 있다

서리꽃 펴 오들오들
햇살에 눈부시다

퍼렇게 상기된 채 귀 활짝 열고
바람의 말 엿듣고 있다

폐허의 연못이라
섣불리 말하지 마라

저 묘명한 아지랑이 침묵 속에서
수줍은 버들개지들 몰래 눈 뜨고 있으리라

배꼽 내비게이션

이 세상에 올 때 물려주신
배꼽,
나의 점심 저녁을 틀림없이
가르쳐주신다
생전의 모습 그대로
밥을 챙겨주시는
나의 영원한 항해사

끊어진 탯줄 흔적을 찾아
오늘도 망망대해
작은 돛단배
그럼에도 불구하고
나는 결코 잊지 못하리

저 하늘 별자리에서
깜박거리는 오리온좌
엄니는 오늘도 보이지 않는 줄로
나를 붙잡아 주신다

배꼽은
은밀한 나의 탯줄
둘도 없는 내비게이션

숨바꼭질 너에게

아무도 모르는 이곳에서
아무도 모르는 그곳으로
너는 어디로 이사갔느냐
아무런 낌새도 없이
후미진 이태원 골목에 신발 한 짝 남기고
헌 장갑 하나 찌그러진 가방만 남기고
아무런 편지 한 장
안녕이란 말도 못한 채

앙가슴 턱턱 막혀
심장 소리도 벌컥벌컥 둥둥둥
까만 하늘 북소리
땅의 아우성에 묻혀
뻐꾸기 둥지 위로 사라지고 말았구나
아들아 딸아
시방 어느 하늘 날아가고 있느냐

매화가 피고 지고 진달래 제비꽃 만리화 산수유
저러코롬 화사하게 피어나는데

이곳저곳 팡팡 터지는 처녀 총각들 웃음소리
새봄 캠퍼스에 울울창창 피어나는데

너는 어디 숨었느냐
말 좀 해다오
이토록 미어지는 그날의 통곡 울분이
아직도 풀어낼 길 없으니
날 어쩌란 말이냐
피눈물 파도야 어쩌란 말이냐

아무도 모르는 이곳에서
아무도 모르는 아득한 그곳으로
여기저기 아득히 피고 지는 혼불들
서럽도록 별무리 꽃무리 반작거리는데
너의 머루눈은
시방
어느 기슭 아래 숨바꼭질 하느냐

새 · 1

온통 날개가 되고
부리가 되어
사랑을 울며 지피다 노래하다

날다가 지치면
그늘에 숨어
알을 낳는다

과거라는
혹은 미래라는
하얀 알을 깐다
달이 숨어버린 칠흑 뻘밭 속에서

시간을 뚫고 날아가는
새,
아무도 간 적 없는
새 하늘 새 땅을 찾아서

새·2

태양의 깃털
바람의 영혼
구름의 집
섬에 둥지 튼 새들

오늘도
파도를 넘어
산맥을 질주한다

어디서 와서
어디로 가는가
감나무 사이사이에서
우는 저 붉은 잎새는

언젠가 본 적이 있는
그 누구던가
아무도 모르는 채
고개 숙인
저 물음표들

새·3

파도를 몸통에
한 몸인 듯 두르고

허공을 차고 오르는
날랜 물고기 한 마리

생生과 사死
파도를 가른다

난생
처음의 길을

우화

황혼은 황홀한 나비
누구 몸에서 쓰윽 탈출했을까

날카로운 키스로
껍데기 활활 벗어버린

하루 끝자락
누가 저 상처를 꿰매줄까나

어디선가
시나브로 다가오는
어둠의 날개들

별 바늘로 봉합하는
저 장엄한

홀.
황.

홍련, 너를 찾아서

어디로 가야
소를 찾으려나

붉은 새들이 날아올라
노을이 되어 활활 타오른다

바람이 구르고
구름이 날아가다
푸드덕거렸다

재 너머 어디선가
댕그렁 대앵

파도가 시간인지
시간이 파도인지

바람이 구름인지
구름이 바람인지

연꽃이 새인지
새들이 연꽃인지

어디로 가야
나를 찾으려나

■ 해설

바람이 머물다 가는 고요한 자리

백애송(시인·문학평론가)

1. 깊어지는 심연

  시는 언어 예술이다. 이 언어는 시인의 삶 속에서 발아되어 시인이 그간 지나온 계절들을 고스란히 보여준다. 시 속에 시인이 살아온 삶의 내력이 고스란히 담겨 있는 것이다. 나병춘 시인의 이번 시집에는 고요히 삶을 바라보는 시선이 겹겹이 쌓여 만들어진 흔적을 확인할 수 있다. 시인은 이 흔적을 절제된 언어로 표현하여 세계와 관계를 맺고자 한다. 시인이 관계를 맺고자 하는 세계는 일상의 소소한 순간들이다. 주위에 늘 함께하지만 미처 발견하지 못한 사소하지만 소중한 모든 순간들에 시인의 언어는 가닿는다. 시인의 이러한 마음을 담은 시편들은 짙은 서정과 더불어 삶의 내면을 성찰하게 만든다. 자신의 내면을 통해 삶의 면면을 첨예하게 관찰하고, 그 안에서 삶의 본질과 진리를 탐구한다. 때문에 나병춘 시인의 시는 읽는 이에게 삶의 본질과 존재의 깊이를 되돌아보게 하는 철학적 울림을 전달한다.

  나병춘 시인의 견고한 사색은 삶의 본질에 한 걸음 더 다가가기 위한 삶의 여정이다. 내적으로 성숙해진 시간은 시인의 시선을 더욱 단단하게 만든다. 스스로 깊어지는 시간 속에서 내면을 들여다보고 성찰하여 보이는 세계 너머의 것을 바라보고자 한다. 삶을 바라보는 깊어진 시선과 여운의 시간들이 정밀하게 쌓여 있다. 이와 같이 시인이 지나온 시간의 깊이가 빚어낸 언어는 절제된 표현과 서정적인 시구를 통해 드러난다. 시인은 화려한 수사보다는 여백의 미를 통해 간결한 언어 속에 사유의 깊이를 담아낸다.

    그러한 바람으로
    꽃눈 잎눈이 피어나듯이
    눈발이 날리다
    또 봄이 오고 겨울이 가고
    가을이 오고

천둥 번개 몇 번 몰아치고
태풍이 들썽거리더니
무지개 언덕처럼
아슬한 노을강처럼
무연히 나타났다 사라지는

그런 사소함으로
아무 미련 없는 사랑으로
어디론가 연기처럼
연푸른 산목련 그늘처럼

갔다 오고 또 다시금 모여드는
새털구름으로 흩어졌다
실바람으로 물안개로
느긋하게 들이쉬고 내쉬는
이런 숨결 같은 사소함으로

나는 행복하다
아무런 까탈 없이
사랑이란 미움이란
알 수 없는 까닭으로

-「사소한 떨림으로」 전문

나병춘 시인은 사소한 떨림만으로도 행복을 느끼는 사람이다. 시인은 무심히 지나칠 수 있는 찰나의 순간도 놓치지 않고 예민한 감각으로 행복의 본질을 포착한다. "꽃눈 잎눈이 피어나"고 "눈발이 날리"며 봄, 여름, 가을, 겨울이 지나가는 모든 순간들이 시인에게는 곧 행복이다.

 천둥 번개와 태풍, 무지개 언덕, 아슬한 노을강, 미련없는 사랑, 연기와 산목련 그늘, 새털구름, 실바람과 물안개는 "무연히 나타났다 사라지는" "느긋하게 들이쉬고 내쉬는/이런 숨결 같은 사소함"이다. 시인은 이런 사소한 것들을 굳이 붙잡으려 하지 않는다. 들이쉬고 내쉬는 숨결과 같이 자연스럽게 흘려보내는 시간 속에서 행복을 발견한다.

 많은 사람들은 삶이 덧없다고 말한다. 하지만 이는 매일의 삶 속에서 진정한 의미를 발견하지 못했기 때문이다. 많은 사람들은 큰 것에서 의미를 찾으려고 하기 때문에 사소한 것들의 소중함을 놓치곤 한다. 매일 마주하는 사소한 일상 속에서도 행복을 충분히 발견할 수 있다는 것을 잊지 않아야 한다. 오히려 일상의 작고 사소한 경험들이 쌓여 삶을 더 풍요롭게 한다. 그래서 시인은 어떤 조건도 내세우지 않고 "아무런 까탈 없이" 삶을 받아들인다. 사랑과 미움이라는 감정도 "알 수 없는 까닭"에 이분법으로 나누어 구분하지 않고 자연스럽게 품어 안는다.

  시인은 이러한 사소한 행복을 통해 인간 존재의 근원적 의미를 탐색한다. 사소한 순간들을 어떻게 받아들이느냐에 따라 행복의 깊이는 달라진다. 거창한 것이 아닌 일상의 소박한 순간 속에서 삶의 충만함을 느끼는 마음가짐이야말로 시인이 말하는 진정한 행복일 것이다.

    수평선

    한 줄 그리고 지우고

    해와 별무리

    보태고 빼고
                           -「시나브로 수평선」 전문

  시인은 아주 짧고 간결한 시구를 통해서도 삶을 들여다본다. 수평선은 바다와 하늘의 경계선이다. 끝없이 펼쳐져 있는 수평선은 손에 곧 닿을 것처럼 보이나 잡히지 않는다. 수평선은 인간이 도달할 수 없는 끝없는 여정이면서, 동시에 보이지 않는 세계 너머의 무궁함을 보여준다. 시인은 이 수평선을 "그리고 지우고"를 반복한다. 이는 삶을 살아가면서 여러 가지 상황에 부딪혀가며 계획을 세우기도 하고, 실패와 성공도 해본다는 것을 의미한다. 시를 쓰는 창작의 과정에서 본다면 완벽한 표현을 하기 위해 시어 하나하나를 고심하여 그리고 지우기를 반복하는 과정이기도 하다.

"해와 별무리"를 "보태고 빼"는 것 역시 창작의 과정이 내포되어 있다. 해와 별은 뜨고 지기를 반복한다. 즉, 해와 별을 "보태고 빼"는 것과 같이 끊임없이 변화해가는 것이 삶이다. 시인은 이 수평선도 시작과 끝이 만나는 지점이자 끊임없이 변화하는 존재로 여긴다. 실제 수평선은 시간이 흘러감에 따라 시어를 "그리고 지우"는 것처럼 변화해간다. 시인은 이러한 변화의 과정에 놓여 있는 삶을 통해 생성과 소멸을 반복하는 인간 실존의 모습을 보여준다.

나는 없다

나는 무無다

나무는 나-무

아낌없이 자기를 던진다
　　　　　　　　　　　－「나무」 전문

 이 시 역시 짧지만 '나'와 '나무'를 차용하여 철학적 메시지를 전달한다. 이 시에서 나는 존재하지 않는다. "나는 무無"라는 표현은 내가 없다는 의미와 함께 고요히 머무는 초월의 상태를 상징한다. 여기에서 '없음'은 단지 '나'의 부재뿐만 아니라, 타인을 위해 스스로를 비움으로써 오히려 타인의 존재를 더욱 빛나게 하는 것이다. 시인은 자신을 드러내는 것보다 타인을 위해 자신을 내어주는 것을 택한다. 시인은 이를 "던진다"고 표현한다.

 "나무는 나-무"라는 구절에서 '나'와 '무'를 띄어 쓴 것은 나무를 있는 그대로 존재하는 자연의 일부로 보고자 함이다. 동시에 '나'는 자아를, '무'는 부재를 뜻하기도 한다. 즉, 이는 '자연 그 자체로서의 나무'와 '텅 빈 자아'라는 두 가지 의미를 내포한다. 나무 역시 시인처럼 자신을 아낌없이 내어준다. 종이가 되고, 연필이 되고, 책과 책상, 의자가 되어 타인을 위해 자신을 내어준다. 스스로를 던지고 비움으로써 타인을 빛나게 하여 현재를 초월하는 것이다.

깊어지는 시인의 사유는 「하늘 고양이 니하옹」에서도 이어진다. 시인은 "법문보다 더 해맑간 소리"로 시인에게 다가오는 "하늘 고양이"를 통해 내적 깨달음에 도달한다. 그 깨달음은 백척간두 진일보(百尺竿頭 進一步)와 불이문(不二門)이라는 불교 용어를 통해서 드러난다. 어려운 상황에 놓여 있지만 머무르지 않고 한 걸음 나아가려 하며, 둘이 아닌 하나의 진리를 추구하는 것이다. 즉 시인은 백척간두의 끝자락에 머무르지만 이를 인내하여 한 걸음 더 도약하려 한다. 그곳은 "범종 소리 그 너머" 존재하는 불이문의 세계로 일상 속 모든 존재들이 하나가 되는 초월의 세계이다.

2. 사유의 흐름 속에서 빚어진 삶의 결

나병춘 시인은 변증법적 사유를 통해서도 삶의 모습을 보여준다. 변증법은 서로 모순되는 두 개념의 대립과 통합을 통해 더 높은 단계의 진리에 도달하고자 하는 사고방식이다. 헤겔은 정(正), 반(反), 합(合)의 세 단계를 거쳐 이를 설명한다. 어떤 주장(正)과 주장에 반대되는 견해(反)를 통해 모두가 이로운 방향으로 새로운 결론(合)을 도출하게 된다. 시인은 복잡하고 변화해가는 사회를 이러한 사유 방식을 통해 즉, 변증법적 언어를 통해 풀어내고자 한다. 모든 존재는 고정되어 있지 않고 갈등과 대립, 화해와 조화, 생성과 소멸 등의 과정을 반복한다. 이러한 변증법의 과정을 통해 시에 존재론적 긴장감을 유발하여 삶의 역동성을 부여하고자 한다.

> 버리는 것은
> 벼리는 것이다
> 무딘 칼이 숫돌에 몸을 던져
> 제 몸을 헐어내야
> 비로소 날빛으로 빛나는
> 칼다운 칼이 된다
>
> 별들도
> 어둠 속에 버림받아야
> 비로소 빛을 발하며 제 할 일 다 한다
> 눈부시도록 푸르른 낮에
> 싹둑싹둑 베이는 저 여린 풀잎들
> 그 처절한 살 비린내
> 맡아 본 적 있느냐
> 하동지동 떨던 풀꽃들도

염소의 어금니에 잘 버물리어

한 잔의 우유가 되는 것이리

아득한 은하의 별자리

스스로 날카로운 절망 속에서

비로소 깨어나는

차가운 이성의 눈동자들

호올로 고독 속에 잘 버려져

마침내 벼리고야 마는

칼의 변증법

- 「칼의 변증법」 전문

  벼린다는 것은 칼과 같은 쇠붙이를 불에 달구고 두드려 날카롭게 만드는 것이다. 곧 벼리는 것은 "무딘 칼이 숫돌에 몸을 던져/제 몸을 헐어내"는 인고의 과정을 거쳐 "비로소 날빛으로 빛나는/칼다운 칼"이 되게 하는 것이다. 불과 두드림, 덜어냄이라는 고통스러운 과정을 거쳐야 제 역할을 다 할 수 있는 것처럼 인간도 불필요한 것들을 덜어내야 본질에 다가설 수 있다. 인간의 삶 또한 벼리는 고통과 인내를 통해 스스로를 성찰하고 다듬어야 진정성에 도달할 수 있는 것이다.

"별들도/어둠 속에 버림받아야/비로소 빛을 발하며 제 할 일"을 다 한다. 또한 푸른 낮에 여린 풀잎들이 베이고, "하동지동 떨던 풀꽃들도/염소의 어금니에 잘 버물"려져 우유가 된다. 이는 자연의 순환 속에서 희생을 통해 새로운 생명이 이어진다는 것을 보여준다. 마지막 연에 이르면 "차가운 이성의 눈동자들"이 "스스로 날카로운 절망 속에서/비로소 깨어"난다. 그리고 "호올로 고독 속에 잘 버려져/마침내 벼리고야 마는/칼의 변증법"에 도달하게 된다.

무언가를 버리지 않으면 벼릴 수 없고, 벼리지 않으면 본질에 도달할 수 없게 된다. 칼은 스스로를 던져 헐어내고, 별은 버림받고, 날카로운 절망을 겪는 그 과정이 있기에 본질에 도달하게 되는 것이다. 이러한 과정은 고통을 수반하지만 이겨내야 하는 삶의 한 과정이기도 하다. 시인은 버리는 것, 그리고 고통의 인내를 통해 다시 생명을 부여받고 본질에 이르게 된다는 통찰을 보여주고자 한다.

> 날카로운 새 책 모서리에 살짝 금갔다
> 핏방울이 슬몃 비추더니
> 이내 이슬처럼 맺힌다
> 시는 "핏방울로 써라" 하는 듯

종이 모서리가 나를 쏘아본다

쪽을 열 때마다
매섭고 따스한 눈망울들
꼭꼭 눌러쓴
펜촉 끝이 환상통으로 느껴진다
무림 고수의 서늘한 눈빛이
섬광처럼 빛난다
일진광풍이 휘몰아친다

합, 합, 합,
순식간에 결판나는 칼싸움
댓잎 사이로 번지는 달빛 그림자
칼을 놓친 자는
표표히 사라진다

"바늘로 우물을 파라"
여행도 시 쓰기도
바늘로 우물 파듯 끈기 있게 문신처럼
나의 심장을 저민다

아차,

실수로 살짝 금갔다

검지손가락 끄트머리

종이는 칼이다

-「종이의 변증법」 전문

  이 시는 자전적인 경험이 내포되어 있는 '메타시'이다. 종이에 살짝 베인 자리에 맺힌 핏방울은 "시는 '핏방울로 써라' 하는 듯"하다는 구절로 이어진다. 이는 그만큼 시를 창작하는 과정이 고통을 감내하고 자신을 쏟아 붓는 희생을 필요로 하는 작업임을 암시한다. 1연에서는 이와 같이 '핏방울'로 쓰는 시에 대한 본질이 드러난다.

  2연에 이르면 무림 고수들이 등장한다. 뛰어난 무공을 가진 무림 고수의 "섬광처럼 빛"나는 "서늘한 눈빛"이 한바탕 바람을 몰고 와 시를 만든다. "꾹꾹 눌러쓴/펜촉 끝이 환상통으로 느껴"질 만큼 예리한 감각을 가지고 있다. 3연에서는 "합, 합, 합" 한바탕 칼싸움 후 "칼을 놓친 자는/표표히 사라진다". 고수에게는 말보다 행동이 중요하다. 패배에 대해 변명을 늘어놓기보다 말없이 물러나는 것이 고수의 태도이다. 이미 시 쓰기에 모든 것을 쏟아냈기 때문에 더 이상의 말은 의미가 없는 것이다.

4연에 이르면 시 쓰기는 "바늘로 우물 파듯 끈기 있게 문신처럼" 이어진다. 번뜩이는 순간이 시로 이어지지만, 이는 고통과 희생, 집중과 끈기를 전제로 한다. 이러한 "검지손가락 끄트머리" 살짝 금이 가게 한 "종이는 칼"과 같다. 한 장의 종이는 약해 보이지만, 종이 위에 쓰인 언어는 사람의 마음을 움직이게 한다. 모순된 것들을 드러내어 진실을 폭로하는 칼보다도 더 날카로운 것이 종이이다. 시인의 손에 닿은 종이에는 한 편의 시를 창조하기 위한 자기성찰과 시인의 피나는 고통도 담겨 있다.

 그렇다면 이와 같이 고통스럽고 어려운 과정을 거치면서 시를 쓰는 이유는 무엇 때문일까. 시와 시인은 이미 한 몸이 된 지 오래이기 때문이다. 시인은 시를 놓을 수 없고, 시 역시 시인을 떠날 수 없다. 시인은 말로는 하기 힘든 것들, 말로 하기에는 너무 가볍거나 무거운 것들, 사라질 것 같은 아슬아슬한 순간들을 포착하여 시의 언어로 옮겨놓는다. 나병춘 시인은 차마 말할 수 없어서, 더 이상 견딜 수 없어서, 숨을 쉬듯 자연스럽게 시를 쓰는 것이다. 시는 고통을 주는 존재이지만 또 다른 한편으로는 이 고통조차 견디게 하는 힘을 가지고 있다.

3. 자연과 함께하는 우주적 감각

 오랜 시간 '숲해설가'로 활동해 온 시인의 이력은 시인의 시세계를 확장하는 데 있어 견고한 틀을 형성한다. 시인은 자연과 자연의 순환을 통해 삶을 바라본다. 시 속에 자연스럽게 자연이 스며들어 있는 것이다. 나병춘 시인의 시 속에 등장하는 자연은 살아 숨 쉬는 존재로, 자연과 삶을 유기적으로 연결한다. 시인은 이 자연을 통해 삶을 바라보고 자연에 기대어 삶의 이야기를 풀어낸다.

> 바람이 꽃을 흔드는 것이냐
> 꽃이 바람을 흔드는 것이냐
>
> 끊임없이 유혹하듯 다가서는 벌나비
> 그것을 끝내 거부하지 못하는 꽃
>
> 그 누가 꽃을 탓하랴
> 흔들리지 않는 건 꽃이 아니다
>
> 흔들리지 않는 바람도
> 바람이 아니다

금낭화 연등 행렬

어둑한 뒤안길 밝히고

- 「바람경」 전문

  이 시에서는 흔들리는 존재에 대해 새로운 의미를 부여한다. 일반적으로 흔들린다는 것은 불안정하거나 마음이 동요되는 것으로 생각하지만, 시인은 다른 관점에서 바라본다. 선한 흔들림을 통해 즉, 서로를 다독이거나 위로하며 따뜻한 영향력을 선사하는 것으로 본다. 흔들리는 것은 오히려 자신의 존재를 증명하는 것이니, 이 또한 세계와 관계를 맺으며 살아있다는 것을 뜻한다.

  벌나비의 유혹에 꽃은 "끝내 거부하지 못"한다. 시인은 이 흔들림에 대해 누구를 탓하고자 하지 않는다. "흔들리지 않는 건 꽃이 아니"기 때문이다. "흔들리지 않는 바람도/바람이 아니"라고 생각한다. 꽃과 바람은 서로 영향을 주고받으며 흔들리는 존재이다. 꽃은 바람이 있기에, 그리고 바람은 꽃이 있기에 서로 진동을 주고받으며 삶을 확장해나가는 것이다. "어둑한 뒤안길 밝히"며 환하게 피어있는 "금낭화 연등 행렬"은 빛을 내는 존재로 이 역시 흔들리는 존재이다.

시인은 이와 같은 흔들림 속에서 삶의 모습을 읽어낸다. 인간 역시 살아가면서 끊임없이 흔들리지만, 이 흔들림을 통해 더욱 단단해진다. 흔들리면 흔들리는 대로 흔들리는 그 시간이 더욱 단단한 삶을 만들 것이다. 흔들림이 있어도 꽃은 언제고 피어나 어두운 길을 환히 밝힐 것이다.

> 봄여름은
> 더하고 곱하기
>
> 가을 겨울은
> 빼고 나누기
>
> 더 보태고
> 빼는 게 그 무엇이랴
>
> 눈 덮인 벌판에 빼꼼히 흔들리는
> 억새풀 마른 대궁
>
> 그 누가
> 저러코롬 애타게 우는가
>
> —「억새의 노래」전문

「억새의 노래」에서는 사계절을 더하기, 빼기, 곱하기, 나누기의 사칙연산에 빗대어 삶의 흐름을 보여준다. 생명이 움트는 시기인 봄과 충만함을 가지고 있는 여름은 "더하고 곱하"며 결실과 동시에 소멸이 시작되는 가을과 차가운 겨울은 "빼고 나누"기를 한다. 그러나 사칙연산에 의해 나뉘는 계절의 흐름은 결국 순환의 구조 안에 있다. 삶은 흘러갔다 다시 돌아오며 순환을 반복하기 때문에 "더 보태고/빼는 게" 결국 큰 의미가 없는 것이다.

  '생성-충만함-결실-소멸'의 이 순환 속에는 "눈 덮인 벌판에 빼꼼히 흔들리는/억새풀 마른 대궁"과 "애타게 우는" 사람도 포함된다. 시인은 이 순환의 고리 안에서 인간의 존재와 감정도 담아낸다. 인간 역시 순환되는 자연의 질서 안에서 생성과 소멸을 거듭하며 살아가고 있다. 사계절이 순환하는 것처럼 인간의 삶 또한 겨울 끝에서 다시 봄으로 이어진다.

  나병춘 시인은 이와 같이 꽃 한 송이에도, 어디선가 불어오는 바람과 억새풀 마른 대궁에서도 삶을 읽어낸다. 이외에도 자연과 함께하는 시인의 시선은 시집 곳곳에서 발견된다. 7월의 어느 날 "우르르 쾅" "천둥 번개"가 치는 것을 '청문회'(「어떤 청문회」)에 빗대어 스스로의 도덕성을 성찰하기도 한다. "이른 봄/아, 어쩌자고//꽃샘에 떨고"있는 "동백의 붉은 입술"(「꽃아 어쩌자고」)을 통해서는 사랑과 기다림에 대해 말하고, 「나비 꽃」에서는 나비처럼 보여 다가갔지만 결국 생을 다해 소멸해가는 꽃의 모습을 보여준다. "나비인가 했더니/꽃잎"이고 "꽃인가 했더니/흰 날개 되어 날아가"는 "한 생명 다한/꽃"을 통해 삶과 소멸을 보여준다. 그리고 죽음 이후에는 "어디로 가는가"에 대한 근원적인 질문을 던진다.

  햇볕 계단 따라가다 해찰하며 엉거주춤하다 보면
  어느새 검은 건반은 흰 발자국이 되고
  흰 건반은 검은 발자국 되어
  똥또동 똥토도동 연둣빛 새치름한
  비발디 섬달천 마을로 들어서게 되리라

  어느덧 눈도 다 녹아버리고
  얼룩 고양이 새끼들이 서로 어울려
  흰고양이 엄마와 검은고양이 아빠가
  새끼들을 핥고 빨고 구르다 뾰로퉁 장난치는
  진달래 목련꽃 화사한 섬달천에 선뜻 들어서는 거였
는데

흰고양이들은 하얀 목련꽃 송이 송이로 타오르고
검은고양이들은 또 목련나무 둥치 타고 올라 우듬지를 키우고
어디선가 뾰롱 삐빗종 뱃종뱃종 밭종다리
푸르른 보리밭 밀밭 창공으로 치솟아 오르는
어느 화창한 봄날이었는데

멧비둘기도 흰 건반 검은 건반 햇볕 계단 따라
구구국 구구국거리며 흰고양이 검은고양이마냥
열 걸음 스무 걸음 산굽이 따라 휘이휘이 날아오르곤 했었는데
하얗고 까만 건반들이 흰별 파란별 노랑별 별자리 모냥 야옹 니하옹거리며
아득한 어스름 따라 비발디 사계를 몽돌처럼 따글따그륵 연주하곤 하였는데

밀물 썰물도 덩달아 휘파람 불어제끼며
씽씽씽 어느 섬 기슭으로 날아가고는 했었는데
섬이랑 달이랑 노는 섬달천 윤슬윤슬 별무리 되어
밤새도록 숨비소리 아- 욜랑욜랑 야옹 니하옹

달빛 아래 춤추는

무희들 발장단 소리 어렴풋이

흰 건반 검은 검반 똥토동 토동당당 통탕거렸는데

- 「섬달천 고양이 니하옹」 부분

「하늘 고양이 니하옹」이 '하나 됨'의 진리를 향해 가는 여정을 보여주었다면, 표제작인 「섬달천 고양이 니하옹」은 봄날의 풍경 속 한 장면을 통해 삶의 모습을 보여준다. 먼저 작품에서 시인은 흰고양이와 검은 고양이를 만난다. 그리고 이 고양이들을 따라 어슬렁어슬렁 섬달천으로 걸음을 옮긴다. 섬달천은 한려수도 '여자만'에 있는 작은 섬이다. 시인은 고양이와 함께 이곳에 들어선다. "햇볕 계단 아래"에서 시작된 여정은 앞장서는 흰고양이와 그 뒤를 따르는 검은고양이, 그리고 또 그 뒤에는 "덩달아 얼씨구 사뿐히" 발걸음을 옮기는 시인이 함께 한다.

"햇볕 계단 따라가다 해찰하며 엉거주춤하다 보면" 흰고양이과 검은고양이의 발걸음은 피아노의 흰 건반과 검은 건반으로 겹쳐진다. 흰고양이와 검은고양이가 섞여 "검은 건반은 흰 발자국이 되고/흰 건반은 검은 발자국이 되어/똥또동 똥토도동 연둣빛 새치름한/비발디 섬달천 마을로 들어서게" 된다.

어느덧 겨울이 지나 "얼룩 고양이 새끼들이" 태어

나고 봄꽃들이 화사하게 피어난다. "흰고양이들은 하얀 목련꽃 송이" 타오르고 "검은고양이들은 또 목련나무 둥치 타고 올라 우듬지를" 키우며 조화를 이룬다. 여기에 "밭종다리", "푸르른 보리밭 밀밭", 산굽이 따라 날아오르는 멧비둘기까지 등장하여 자연 전체가 하나의 하모니를 이룬다. 고양이 가족뿐만 아니라 전체가 어우러져 "비발디 사계를 몽돌처럼 따글 따그르륵 연주"한다.

여기에서 "똥또동 똥토도동", "뾰롱 삐빗종 뱃종뱃종", "야옹 니하옹", "똥토동 토동당당 통탕"과 같은 의성어는 실제 비발디 '사계'의 연주처럼 시에 리듬감을 부여한다. 자연의 순환을 담아 봄, 여름, 가을, 겨울을 연주하는 '사계'처럼 섬달천의 풍경 속에도 시작과 끝, 생성과 소멸 등 순환하는 삶의 구조가 담겨있다. 시인은 고양이가 있는 섬달천의 풍경을 비발디 '사계'에 빗대어 그려내고 있는 것이다. 새끼고양이가 태어나 성장하고 진달래 목련꽃이 피고 지며, 철새가 오가고 밀물과 썰물이 반복되듯 자연의 시간은 순환한다.

이는 곧 인간의 삶의 모습이기도 하다. 개개인의 삶 또한 시작과 끝, 만남과 이별 등 순환적인 구조 속에 존재하기 때문이다. 고양이들은 어느덧 달빛 아래에서 무희가 되어 "발장단 소리" 맞추며 "흰건반 검은건반 똥토동 토동당당 통탕" 춤을 춘다. 춤을 추는 고양이의 모습이 고요하면서도 환상적이다. 고양이가 있는 섬달천의 밤에 달빛 윤슬이 반작거리며 또 한 편의, 새로운 비발디의 '사계'가 펼쳐지고 있다.

 나병춘 시인의 자연과 풍경 안에는 이와 같이 고양이도 담겨 있다. 이 외에도 소금, 장미, 달, 나팔꽃, 엉겅퀴, 동백, 단풍, 금붓꽃, 나비, 매미, 지네, 직박구리, 무지개, 까마귀, 새 등 자연의 감각을 통해 우리의 내면에 잔잔한 떨림과 울림을 준다. 늘 그 자리에 존재하는 자연을 통해 삶의 시간을 읽어내고, 존재의 변화를 읽어내는 것이다. 자연의 질서 안에 담긴 존재는 저마다의 소리를 내며 하나의 세계를 구축한다. 이는 시인이 자연을 받아들이는 방식이자, 존재와 자연의 세계를 연결하는 조화로운 어울림의 방식이기도 하다.

4. 바람이 건네는 말

 나병춘은 바람과 같은 시인이다. 바람 따라 이곳저곳 발길 닿는 곳으로 정처 없이 홀로 걸으며 "바람의 말을 엿듣고"(「바람의 말」) 이를 시로 옮겨놓는다. 한곳에 안주하지 않고 "마냥 걸어가는 것"(「시인의 말」)이 인생인 것처럼 때로는 목적지도 없이 걷고 또 걷는다. "구름 따라 바람 따라 걷다 보면/강도 만나고 산도 만나고/아름다운 것들과 하나가" 되는 경지에 이른다. 이와 같은 자연과 '하나 됨' 이후 잔향이 남은 자리, 그 자리에서 시인은 고요히 존재를 바라본다.

  자연을 벗 삼아 풍류를 즐기는 시인은 바람 속에서도 진리를 들으며 이를 실천하고자 한다. 내적으로 더욱 깊어지는 심연 속에서 삶의 본질을 들여다보고, 사유의 흐름 속에서 미처 발견하지 못한 삶의 떨림과 울림을 드러낸다. 또한 자연의 리듬을 우주의 흐름과 연결하여 사유하며, 그 감각을 시의 언어로 담아낸다. 삶의 균형과 내면의 하모니를 이루며 지나온 시간과 지금 이 순간, 그리고 다가올 시간까지 시인의 언어는 흘러가듯 미끄러지며 여운을 남길 것이다. 바람처럼 다니며 받아 적은 시인의 시 한 편을 옮겨놓으며 마무리를 대신한다. "나도 나를 떠나/너에게로 날아가"고자 하는 풍류 시인, 앞으로의 시인의 행보가 아낌없이 주는 '나-무'(「나무」)처럼 더욱 향기롭기를 바란다.

  꽃이 꽃 그림자 남긴 채

미련 없이 떠나는 것처럼

향기론 씨앗만을

대지의 허공에 뿌리듯

별이 별똥별로 훨훨

나비처럼 사라지듯

나도 나를 떠나

너에게로 날아가야지

–「그냥」 전문